El amarillo inaudito

Los poemas a Ucrania

Gladys Ilarregui

El amarillo inaudito

Los poemas a Ucrania

Los Ángeles, U.S.A. - Buenos Aires, Argentina
2023

El amarillo inaudito. *Los poemas a Ucrania.*

ISBN 978-1-944508-52-4

Ilustración de tapa: "Bed of Sunflowers". Fotografía gentileza de Avery Nielsen-Weeb. https://www.pexels.com/@webbshow/

Diseño de tapa: Argus-*a*.

© Gladys Ilarregui 2023

All rights reserved. This book or any portion thereof may not be reproduced or used in any manner whatsoever without the express written permission of the publisher except for the use of brief quotations in a book review or scholarly journal.

ErosBooks – Editorial Argus-*a* Artes y Humanidades / Arts & Humanities
Argusa Artes y Humanidades / Arts & Humanities L.L.C.
1414 Countrywood Ave. # 90
Hacienda Heights, California 91745
U.S.A.
argus.a.org@gmail.com

El amarillo inaudito. *Los poemas a Ucrania*

*Al otro lado del poema hay
un sendero
tan estrecho como una
raya del pelo,
y alguien perdido en el
tiempo
avanzada descalzo por él, sin
hacer ruido.*

Rokhl Korn
(Ucrania)

*A Marta en su hospital,
a su mirada vigilante sobre la injusticia.*

A Gustavo Geirola por su generosidad.

Notas sobre girasoles heridos:

"La libertad tiene un precio alto, pero la esclavitud sale más cara"

Volodymyr Oleksandrovych Zelenskyy

Cuando los conquistadores españoles conocieron la planta de girasol en el siglo XVI en América, la exportaron, haciendo cruzar el mar a esas semillas asombrosas que se abrirían después en los campos de cultivo europeos hasta llegar a Rusia y Ucrania en el siglo XVIII. En el *Códice Ixtlilxóchitl* una ilustración muestra a Nezahualpilli, hijo de Nezahualcóyotl, uno de los más grandes poetas prehispánicos, portando un ramo de girasoles. El hecho de que en el retrato real de Texcoco apareciera esta flor da una idea de lo apreciada que era su belleza. Desde esos tiempos de la prehispanidad, la semilla realiza un trayecto transatlántico que la descubre a cielo abierto en nuevos campos de Europa, bajo geografías completamente opuestas. Pero la planta sigue la luz del sol, dondequiera. Y por lo mismo, más allá de la producción de aceite de girasol que produce Ucrania y más allá del uso de sus semillas, los tallos de hasta tres metros, los discos de flores radiantes y amarillas se han convertido en un símbolo. Un símbolo de la paz, el símbolo de un país que reclama su derecho a ser libre.

Es sobre esos amarillos heridos por la invasión rusa que he pensado estos poemas. No sólo porque hay una botánica en guerra, sino porque hace más de un año, millones de ucranianos protagonizan la mayor crisis de refugiados desde la Segunda Guerra mundial o sobreviven en ciudades rotas, carentes de agua y electricidad, entre pedazos de lo que fuera su vida.

Pienso en el amarillo desgarrado de Ucrania desde 2022, y aunque la poesía no pueda salvar el mundo, puede tal vez detenerlo en alguna ventana por donde se cuela un poco de sol, y por donde entran las canciones divinas de flores erguidas y orgullosas en esta historia trágica que aún no terminó.

Gladys Ilarregui

El amarillo inaudito

Los poemas a Ucrania

A los ángeles
(Ucrania)

Sentados alrededor de la mesa con el mantel a cuadros
no sabían del cambio de clima, guerras, orificios del dolor,
contiendas de los mercados financieros, seguridad cibernética.
Eran cuatro sillas perfumadas por una torta de limón,
mirando la ventana y el reflejo del cielo celeste.

Una mujer y un hombre, justos y sensibles servían las tazas,
a dos niños con caras iluminadas entre el humo del
agua hirviendo y todos aparecían como en una película.

Los espejos que los miraban en las paredes no veían
sus alas creciendo secretas con cada bombardeo
feroz como un rugir de tierra allá lejos.

Había en la casa ángeles, pero no lo sabían, nadie lo
sabía hasta que los invadieron. No tenían idea de que
navegarían túneles oscuros y se alzarían heridos de
recuerdos con una fuerza de huracanes antiguos,
con un halo de luna sobre los dedos derrotados.

Incendio en sangre propia: la estación de tren

Como una lluvia que enredaba geografías
el brillo de lo ausente, esa mujer que mira
por última vez el primer jardín que tuvo
en las fotos congeladas en el teléfono,
en la puerta semiabierta de la boca
de los vidrios deshechos con las
manos vacías, una y otra vez
las venas que atravesaban
el cuerpo lleno de historias personales
únicas como la respiración, como la
tela de los párpados, como las hebras
del pelo, como la gasa de los pasos que
dio hasta la estación de tren,
después de haber recordado ese último
día entre luciérnagas, en medio de
los acechos de la muerte.

Incendio en sangre propia II

No se puede cubrir el abismo del mar con un puño de polvo.
No se puede apagar un incendio con una pobre gota.

Hryhory Skovoroda

Desparramadas por un viento salvaje las estofas,
él no cree que yo pueda cosechar zanahorias,
yo no creo que él pueda saber que ahora en
este instante dibujo con una arruga suya la
arruga de un poco de tierra seca donde no
crecen flores sino suspiros enterrados
en los campos de Ucrania.

Mujer frente a la ventana amarilla

Con mis palabras haré un sol negro que envuelva este momento
y lo brille, lo provoque, lo encierre como a los libros amados
y perdidos. El miedo en las ventanas, esos autores destejieron
sus abecedarios, esos pintores esparcieron el óleo por las
cañerías, esas habitaciones no respiran a juegos del amor
o de la inteligencia.

Que la tierra no te maldiga nunca con estos miedos que te
vuelven lobo de tu propia memoria, de tus días de luz entre
los cuerpos, de tus zapatos gastados con caminos de viento.

Korovi: el pan de bodas

Son trozos de espejos desparramados
lámparas rosas rotas, la arqueología de úteros cerrados
por el fracaso de la muerte, esas abuelas no respiran el olor
del horno, el murmullo de los trapos de la cocina,
la arena alucinante del paquete de harina, el suave acomodar
las mantas en la casa, los colores ocres de la tierra,
el girasol en el vaso,
la sorpresa de los dedos que se mezclan con el agua y la leche
formando la rosca, el detalle de las flores alrededor de la corona
y por cada una de las flores una primavera ruborizada.
Pan de bodas, polvo, moldes, huevos, sal, la ralladura
de un limón, la mantequilla, el día de sol color caramelo,
el fuego y las manos, las caricias a la masa de harina,
todo lo que no puede pasar ahora por los dedos maduros
o la mirada, o la puerta verde de esa casa abandonada.

A los ángeles:

Encontrar el mundo como lo dejaron no será fácil,
ver las sillas, oler el perfume de una ropa, estar
adentro de esas fotografías, no será nada fácil
hojear el mapa que separó puntas de viento
el mapa era tan rígido como un camino
de nieve a donde se atascaban los autos,
y ahora comprender que todo era una ilusión.
Los caminos se deshacen, se corren, se alargan
o se cierran, los puentes se rompen, como los
momentos de la risa, como las alas de insectos.

Adiós adiós, adiós
a las manos felices sacudiendo
la nieve caída de los árboles, la frescura de la nieve
sobre mangas y botones, el blanco transparente
de la nieve, como si de pronto llegaran todos
los ángeles a plagar los jardines y ellos, los padres,
los abuelos, los que partieron antes, volvieran con
regalos abstractos, con ramos de flores iluminadas
como el despertar de una promesa.

La poeta de Kiev

Con los cinco dedos de esta mano acaricio
la página de un libro de papel donde una vez puse mi nombre
y hablé de un agujero en mi persona.
El agujero fue curado con una costura amarilla,
la vida es otra cosa, se cura, no se cura, puede no curarse.
Pasa en esa página de papel luminoso la vida
y yo que la presiento y me estremezco no tengo
párrafos posibles, no sé qué decir en
este lugar donde todo naufraga,
rayos muy extraños de sol me sobrecogen
y sale este poema, otro poema,
sale un amarillo profundo con bocas y dientes,
con chalecos tejidos, con anillos de manos
como ríos de pájaros dolientes.

Insight

    Como signos en invierno los árboles envejecen,
el mundo es un pájaro cansado
el tiempo es hueso y saliva,
largo camino de suspiros,
cadena de deseos incrustadas en las escaleras
abandonadas, no podemos subir a pie esas costillas
de montañas enormes, no podemos movernos al
fondo del mar y su vida secreta, no podemos
pensar en lo que no alcanzaremos porque nos
perderíamos en largos silencios como los de
la nieve. Ese hombre con una herida en el hombro
no puede, el otro tampoco puede, nadie puede.

Pero el atardecer hunde sus costillas
y la tierra escucha y suspira.

La página cero

No habrá besos tampoco que nos salven.

Natalka Bilotserkivets

No habrá pájaros, no habrá canciones en las ramas,
no habrá furia de las frutas caídas, cadencia y caricia
de las hojas de la verdura, no habrá canasto de pan,
congreso de mujeres, etiquetas de medicamentos en
los frascos, una taza de té caliente, una jarra de
agua luminosa, no habrá.

Pero quedará la memoria de lo que no habrá, de
lo quebrado como una promesa, del hundimiento
de las manos en pozos de agua sucia, quedará una
literatura del vacío, repleta de días carentes, de
casas abandonadas, y techos y paredes sin besos
de luna.

Habrá una gramática para la memoria heroica y posible.

Testamento de pétalos

Vas dibujando una flor en la ventana
con un dedo entre las nubes del aliento y la flor
brilla por un momento del invierno, y se vuelve
a caer cuando pasa su edad de oro, sus minutos
de aliento, y te das vuelta.

¿quedan los muertos invisibles pegados a las
paredes de una casa abandonada, de un pedazo
de espejo roto y sucio? ¿qué pasa con esas
emociones que sintieron al tener una aguja o
un muñeco en las manos?

¿Dónde fueron a parar los dibujos en el vidrio,
la majestad de una primavera improvisada
en una ventana?, ¿se quedarán las flores guardadas
en los dedos finísimos de ramas solas? ¿Qué juegos
azules jugarán los pasos en jardines vacíos?

Humedad

Se que voy a morir una muerte difícil...
como cualquiera que ama la música precisa de su cuerpo.

Oksana Zabuzhko

Nada perdura, la humedad de un cielo a la noche,
el camino arrasado con ruido de un motor extranjero,
el universo empapado de trapos que brillan con su sangre
la búsqueda frenética de un abecedario contenido entre
los dientes de un lugar desgarrado por una maquinaria donde
se hunde una persona sin ninguna salida a la inmortalidad.

Alguien en el mundo
en el desconcierto del mundo mira
la humedad de un cielo a la noche,
y todos los adioses son estrellas muy locas.

La imagen del refugio en los campos de trigo

Entre los estallidos, latía fuertemente un corazón
cruzado por una geografía particular, un modo
de mirar el mundo, el universo, una manera de
juntar las manos, afeitarse, lavarse los ojos.
Una manera de tomar un hijo entre los brazos,
un pecho como un cofre donde se mueve
la cinematografía de la vida desde un lejano
nacimiento. Una boda, unas botas roídas.
Deshaciendo el paisaje cae una bomba, que
lo destruye todo, menos esos girasoles temblando
su poesía cierta.

Sobre verbos oscuros

Se que puedo decirte una palabra inolvidable y me dirás
no es cierto, la palabra no existe, no tiene ropa, está desnuda
de experiencias, en el exilio el lenguaje es blanco, no
puede contener los lugares vacíos, lo abandonado pesa
como una fuerza fría.

Miraré el cielo, la jardinera de asteroides, miraré lo que
está ahí casi muerto como una estalactita, tan pasado y futuro
el fulgor de la guerra, y te diré que todo lo que existe viaja
en una sigla contenida, verbos que se despiertan como un nervio
del corazón, que se despiertan como un estallido de luz,
verbos oscuros como largos tallos de rieles de tren
y luces de frontera.

Amores sin derrota

Detente, espera.
Dios mío. Por fin.
Mira, de aquí viene la poesía.

Oksana Zabuzhko

El primer amor es como una luciérnaga que te atrapa
en su luz, un extraño deseo se apodera del tiempo y el espacio,
los brazos son fosforescentes por la noche y acarician
almohadas tersas como una seda, pero el primer amor
puede ser también el patio de tu casa, la flor de tu jardín
contra el viento, la rama que no abandona y brota, la
pisada de tu abuelo en la baldosa de ese lugar donde
se abrió la patria.

La poeta de Kiev II

Una estela de energía, una fuerza incolora que
lo perfora todo como una música en los dedos
o el agua. Morir no es lo más fuerte.
Sobrevivir esta traición del tiempo es lo más fuerte,
sobrevivir después que la ropa se quedara
colgada, sin moverse, sobrevivir con esas palabras
que escribiste diciendo que me amabas,
sobrevivir sabiendo que estas palabras de mi poema
son tan poco.

Las palabras son como espejos rotos y apilados,
como brillos extraviados de un coche que viaja
perdido en la noche, de un brillo inútil que no
ilumina el cielo de tormenta.

Ucrania in my mind

*No sé, nunca se sabe qué pasa con lo que
existe adentro como una fusión de soledades
que dan por resultado el agua que es el mar
la vida de las nubes y sus llantos, la lluvia
que cae y forma los pantanos, las arenas
húmedas del corazón y el cuerpo
la sensación de no pertenecer
como el paisaje primitivo sin límites
a rutas y ciudades rígidas o quietas
sino a un fluir de millones de años,
a una escritura que atormenta e inquieta
como un pájaro hasta encontrar su cuerpo,
como las alas de una visión cerrada
hasta mirarse en el océano.*

Te prevengo

En el camino de las maquinarias empapadas
se acaba el idilio del camino,
las hojas lentamente pierden su sombra
hay un desorden de cables y avenidas
ya no es posible retener el mundo
de los insectos, la saliva del beso
sobre las ramas rojas, el invierno.
Con sus relámpagos la pura lluvia,
llueve o llora por lo caído,
tantas imágenes sueltas en las
noticias, la decadencia desgarra
como una mandarina podrida
y olvidada. Los periodistas cuentan
solamente una parte para la red social,
lo que pasa por dentro del corazón
es una raya oxidada, un himno como
una lluvia que no detiene sus
canciones de cuna.

Por los otros

> *Atascados en el fango de la gramática*
> *están el futuro y el tiempo pasado.*
>
> Natalia Belchenko

Armar con cuatro puertas un paisaje,
por donde entran y salen los organismos vivos de
esas ideas que tuvimos, banderas que llevamos,
ideologías rotas como estrellas que se sacuden en
el cosmos entre agujeros negros, meteoros que
extraviados no tienen casas o esperanzas,
pedazos de cometa que rayaron el cielo en
tantos cuentos de hadas, finalmente, la vida
se marca con la sangre, la sangre es el hilo
de acero potente y primitivo que escribe
tu nombre, su nombre, el de ellos en un
lugar más alto y más remoto, en una geografía
de páginas feroces que encontrarán su lugar
en la historia y el tiempo.

Desafíos del anochecer

Metido el día en sus metáforas húmedas de
lágrimas o palabras que viajan desde la cabeza al
atardecer, impuras palabras sueltas como zapatos que no
coinciden con el pie, rotas palabras como caracolas
que se esconden en la arena, de ninguna manera hemos
comprendido esta pobreza. Luz de agua sucia, velas
encendidas, viajes de pan duro, ausencia de flores en
el refugio, llantos y miradas extraviadas, manos
sucias de tocar y resentir la guerra.

Ella sueña: exilio

Que la excursión a la soledad es interminable y única,
en el vaso transparente de té fresco, ve rodar una cuchara
que toca un himno entre los vidrios, de ninguna manera
hay ilusión en la tela blanca de la sábana que cubre la
cama, ni el corazón se deja sobre almohadas ajenas en
un hotel por donde se avecina la bruma.
El paisaje posible no existe en ningún lado, porque los
zapatos juntos al lado de la cama no tienen caminos,
la hierba y los trayectos se cerraron de golpe.
En el cuaderno de pájaros no puede anotar
la excursión siguiente porque ni siquiera se ven
las nubes, todo es un velo que cubre las cosas cercanas
las puertas de la madera oscura. *Buenos días,*
debía llegar aquí con las otras mujeres que
guardan en los ojos las ciudades tomadas, en las manos
los lugares pobres, sueltos, desarticulados como
la lista larga de recuerdos.

Fragmentos de ciudades tomadas
que no navegarán recuerdos suavemente.

Vida pasada

Se pasa un puente se cruza un semáforo, se dobla
a la derecha, hay un lugar donde se guardan las heridas
justo en el centro de un árbol, hay inscripciones de
amor, marcas en la corteza, dedos llenos de sangre
repasando esos días, el hilo de un cabello colgado de
una rama, la difusa memoria de una mujer que ha
muerto pensando en el momento en que abrió su
camisa para dejar que un hombre le tocara los senos,
el momento feliz y estremecido de los ojos brillando
sin vestigios de duelo, *eso dijo recordar*,
que había una mujer en el volante, que visitaba un
árbol, que dejaba flotando un cabello dorado que
tenía deseos originarios, frescos, y no sabía cuándo
o dónde terminaría su recuerdo.

El recuerdo era un magma de sol y estrellas, se
adormecía con ella y despertaba impune y la llevaba
siempre a ese lugar, azul oscuro, índigo, huidizo
a donde alguna vez hizo del tiempo una boca y
un labio y una cortina de abrazos, y un collar de
palabras y gemidos, y un rodar con las flores en
ese día de viento.

Razones del presente

Por eso escondo los dedos (para no dar caricias)
por eso guardo la lente (de la retina donde junto
tus órganos que forman ese pasaje de tu sombra)
por eso no hablamos en voz alta de las posibles
consecuencias de la melancolía sobre fiestas
ajenas, ruidos ajenos, días desenvueltos sobre
el agua y la espuma: esa postal de playa que todos
se disputan. Por eso no hay posible tiro en la cabeza
que abra los orificios del sentido, por eso
me quedo sola frente al muro de la pared de vidrio,
no reclamo mi nombre,
porque no creo que las astillas de ese vidrio
corten pinchen o digan ninguna cosa cierta, porque
lo que teníamos que decir era una mañana que
se quedó encerrada en cuatro hebras de viento con
avisos precarios, por eso no hay salida
a menos que cierres los ojos, apagues la pantalla
del televisor, te escondas en una sábana de luz como una
criatura remota y aérea, hasta entender que
por eso hay bocas rotas como jarras heridas.

**Como si fuera posible hallar esas personas que
dejamos tendidas en el tiempo**

    Sin descanso, sin alivio, las noticias se acumulan como
    montañas de piedras, la música extraña de las bombas
    es como la música de un reloj de madera donde suena la vida
    o la muerte, qué hacen las madres estos días no se sabe,
    quién puede entender mejor una pérdida, al despedirlos
    los hijos altos y solos se alejan con sus cigarrillos,
    el camino seguro es siempre la muerte. Se saludan con
    la mano en alto sabiendo que el cielo es una trampa,
    que los azules no existen, que hace tanto frío y las orejas
    se congelan no importa cuánto traten de acariciarlas
    antes de separar las manos de la cara que esperan recordar
    así, como si para siempre.

    Ante estas fuerzas del corazón no hay un solo árbol que
    no llore desde su madera de siglos, no hay un solo ovillo
    de hilo que cosa la distancia, no hay candados que no se
    rompan ante este desconcierto. Así las madres mueren
    antes de morir, y los hijos resucitan después de la muerte.

Texto/ muerte/ esferas/

Sin apocalipsis
entonces sin amor, sin odio, sin recelo
sin esperar la hora del encuentro, sin
desatar los nudos que no existieron nunca
sin respiración que cruce ese vacío
hacia la puerta,
sin decir nada porque las palabras
empapan con sus cuerpos y manchan
y segregan, solo sonidos
sonidos entreabiertos como de dos
campanas en un templo en un libro
solo sonidos de campanas, y una
sola mujer, no, no tampoco,
ni hombre ni mujer porque para
estar sin apocalipsis hay que estar sin
recuerdos, sin estallidos graves sobre
el pecho, sin deseos amorosos, sin
cuerdas que amarren, sin llaves
en los bolsillos, sin esperar nada
solo dejando caer una hoja tras otra
como un viaje que vuela, hojas ocres
que no dejan rastro

y no juzgan por qué se van
por qué van a morirse
porque la muerte, porque
el principio de un texto,
o la luz de una esfera.

Those villages

Hombres duros sentados en la tierra viven con sus verbos
solos, no creas que vas a comprender tan fácilmente ese
dolor de dientes podridos o manchados, la vejez prematura
de sílabas rotas en oraciones que se pierden en viejas iglesias
que no tienen plástico y en cuya madera labrados van los
dedos y las manos de santos, y la enumeración de deseos
despiertos como bombas en una fila desprolija de velas
atravesando formas y pasillos.

Esos hombres duros sentados en la tierra
llegan a sus antiguos destinos con una memoria más
roja que amarilla, y aún de lejos sin que los comprendas
podrías ver su corazón profundo, herido, congelado.

Los saberes

Se que un botón se ha desprendido de la camisa
ejecutando un equilibrio único entre el aire y el suelo
y mirando las hojas que se desgarran como él mismo
en una asociación antes nunca vista entre el nácar
y la palpable vena de las flores, todo es abismo.

Es abismo ese beso desesperado que quería retenerte
es abismo esa escalera del hospital, esa boca de metro
que traga tantos cuerpos juntos
es abismo entender que se morirá una edad tuya
con su lozanía, abismo puro abismo
como una flor disecada y oscura, como la temperatura
de una noticia que te quiebra.

Abismo de caminar abismos con la camisa verde cuyo
botón se ha desprendido y pende de un hilo, como la
docilidad del mundo para acallar las guerras.

Tratando de entender por qué

Escribo para esas cosas que todo el mundo ignora como la
respiración que se contiene y se libera pasando por tu cuerpo
como la mirada de un niño que no te conoce en un avión
como la ceremonia de decirnos: "nos veremos pronto".
y a lo mejor, *de verdad te lo digo,* no nos veremos nunca más.

El precio

En ese bosque alucinado de nosotros, en esos rincones,
en esas historias de desencuentros de los viejos árboles
y de los amigos agitados en aquellas fotos, en aquellos nervios
de la vida, en aquellas personas que perdimos creciendo,
avanzando sobre los amarillos, y ellos,
en ese otro país rasgados de oro y lágrimas, cómo poner
esas personas frente a sus espejos, quiénes serán ellos
después del exilio, qué carga no podrán aliviar entre la
ropa, que lugar elegirán para taparse la cara con las manos
y llorar solos todas sus ausencias.

El movimiento del recuerdo

El abismo reclama de repente al abismo.

Hryhory Skovoroda

Golpeó, hacía frío, quería entrar por una vez
y la casa oscura no dijo una sola palabra.

Y así fue, fue un momento de desesperación
con los nudillos contra la puerta quieta,
la desesperación el arrebato del lugar del origen
y luego la certeza de estar donde otros no habían ido,
y luego la ruptura de su nombre (hecho papel picado)
y luego los análisis de sangre, los riñones
y luego el último juguete de Benjamín
la mujer vulnerable caminando ese lugar
como un jardín botánico enrarecido y con los vidrios
ahumados por la luz, desgastados por el vitral del sol
y luego.

La ciudad y las ruinas

sostener una aguja de silencio en tu boca
coser tus palabras con hilo blanco
gimotear al ahogarte en saliva
no gritar al escupir sangre
sostener el agua del habla en tu lengua
que gotea como una cubeta oxidada

Iya Kiva

El alfabeto desparramado y la lengua tiesa, las piedras estaban
condenadas a volver a ser polvo, pero este polvo duele y
abre con la ceniza dientes que brillan sobre bocas que besan
y puentes de la vida que no se rompen con los estallidos
y sonrisas crecidas sobre bosques de nubes y edificios donde
la luz hace lo que hace el amor con las mujeres, ilumina,
y ni una sola letra pretende escapar o refugiarse todo en
carne viva retiene la fuerza que nos estaba uniendo para siempre
en esta humanidad.

La batalla hacia adentro

Toda la noche se extiende hacia una soledad inesperada,
y por eso recorro con los dedos libros desprovistos de tiempo
son los libros quemados por el anochecer o incendiados de aurora,
ciegos de luz que no permiten ver lo que escriben los ángeles
sobre el mapa del mundo.

Cuando la mañana entra con su chorro a veces da miedo,
a veces los ojos se despiertan alucinados y quieren cerrarse.
A veces las mañanas son como noches, y las noches pesan
como manzanas oscuras al borde de un canasto.

La pareja ucraniana

> *No duermes sólo con este hombre, sino con toda su vida,*
> *y a veces ella te despierta y le arranca de tus brazos.*
> *Pues, ya ves, a menudo la guerra viene y se tiende entre*
> *vosotros como un niño temeroso de quedarse solo en la oscuridad.*
>
> Katherina Kalyko

Respiré por última vez el perfume de una taza de té
y pensé en mí como algo despertando y colgué
dos imágenes en una pared y la llamé nosotros,
y ellos, los que fuimos,

salieron a correr de aquellos calendarios.

Esta locura de estar vivos

Una pila de páginas abre su boca para tragarme
recoge el día sus veinticuatro fuerzas y sale
del calendario sin refugio, no vuelve como
un beso, no vuelve, se parece a una mano lisa
que no vuelve, nada vuelve como el bordado
de la tarde roja y anochecida, en ese pasar
nuestra propia narrativa no vuelve
nuestros espejos no duran para siempre,
no vuelven los secretos desparramados en
puntos y comas, la respiración histórica
de los campos llenos de agonía, los girasoles
erguidos y seguros no pueden volver ahora,
dejan de sonreír y ladran
como el perro con sus ojos de miel.

La fe ciega

Ningún pez sospechó que había viento
en el estremecido estómago del océano la fuerza
de la tierra no existía, el mundo entre los árboles
no cantaba, tampoco una galaxia te ha cruzado
y no sabes si llueve granizo o hielo en su estructura
si peces o ballenas habitan los huecos porosos de
sus cuerpos, en tanto todo el mundo cree que las
cosas estarán siempre en su lugar, los cultivos
preciosos de campos en Europa, la prodigiosa
tierra repleta de oro puro y arriba las nubes con
su canto blanco, y todo el mundo cree que los peces
entre flores acuáticas seguirán prodigándose
y que el océano no hará huelga contra la cola
de basura, y que todo seguirá creciendo sin pausa
de un lado a otro de la tierra, sin heridas de caminos
cosidos con hilos de lágrimas, sin importar los
cuerpos perdidos por las guerras.

Camarógrafas

Mira como miran esas mujeres detrás de la lente
arriesgadas entre caminos de escombros, las
americanas van con sus botines a la expedición
de la muerte, enfocan los pedazos rotos,
en el barrido de luz de las imágenes prestan
atención a la cortina roída y el juguete caído
a los muebles oscuros atrapando horas
de silencio, a la memoria de una taza que
apretaba otros labios, a la cocina sucia, y
al frasco medio abierto de aceitunas.

Paisajes de lo que fuera una casa donde
entraban los niños llenos de historias por
haber encontrado una luciérnaga entre los
brazos enredados de ese árbol solo.

Aquel lugar al borde del océano (la espera)

Habrá un conjuro de nubes verdes para esperarte
serán como una fiesta las palabras colgadas de la arena
en los días del océano, serán tus palabras como luces
colgadas de un balcón donde el viento solitario
oliendo a agua, sin ruinas en la lengua,
pase acariciando.

Habrá un conjuro de nubes verdes para esperarte
y yo, desde la puerta.

Nombres propios

Casas deshabitadas, plumas de animales deshechos,
costras hundidas en la tierra, dirección rota de las manos,
somos solamente mortales, los nombres son señales
como brújulas que indican un destino en el mapa de la
tempestad de días sucios por la bruma o el viento,
telas de flores y brocados de lámparas
iluminaban esa primavera, dibujos en las paredes,
ramitas y especies perfumadas, el cuello ocre de una
camisa colgada en un armario viejo,
las patas de un perro, nunca los severos adioses
nunca las puertas partidas, nunca el océano
de los recuerdos flotando sobre los nombres propios.

Segmentos amarillos

I.

Atardece,
aquí mi cuerpo recostado en la ventana
mira el tiempo oscurecerse, hundirse,
seguir con hojas húmedas podridas
creando este milagro del otoño, tiempo
estación de mi nacimiento, estado
de la soledad profunda que navega
desde la línea de mi mano al interior
de las geometrías de mi estómago y del
corazón contando la tarde, sed seca
de muchas palabras alineadas sin rumbo
¿qué rumbo tiene lo que no conocemos
o no podemos decir en voz alta?

II.

Comprender una disolución,
un signo de partida, reencontrar la
fuerza de una cima de fotos con imágenes
de otros, una cantidad de calendarios
hallados de generaciones pasadas
una memoria de piedras y de hierbas hundidas
como los brazos de árboles que crecen apretando
paredes abandonadas, hundiendo sus grabados
sobre la comunión del silencio y la tierra,
sed de palabras para decir los cuerpos, el
momento del anillo cerrado quién sabe con qué
amor, con qué clase de amor, ese anillo
reencontrado cerca de una roca,
qué calma hubo entre esos dos
pechos, qué pacto de ceniza se dijeron.

Cualquiera de nosotros puede identificarse con
dos amantes hurgando en estantes la rutina del día,
cualquiera de nosotros puede entender las mariposas
de esas manos, analizar la mosca en la ventana,
preguntas por el dibujo de una flor atrapado en la taza.
Cualquiera puede pensar una casa por dentro.

III.

¿Qué quedará por ser dicho? ¿qué última frase de los
libros de cuentos hubieran querido recordar?, ¿qué
intercambio de lugares, de signos en los caminos,
qué última luz en una casa vieja quisieran llevar en los
bolsillos?, en la pregunta queda la lámpara suspendida
en el techo de esa casa, la ropa quieta y apilada en
un costado, el mapa del recorrido de la cocina
hasta los cuartos, de las generaciones pasadas
y sus guerras presentes.

IV.

Esa mujer anónima, se perderá con su pañuelo oscura
por una línea que como una luciérnaga
marca la luz del tren, en los escalones el orín riega
plantas que no existen, la historia se revela como
una arqueología de lunas extinguidas y todavía
ciertas, una arqueología de otros ojos hundidos,
en el centro de un sudario que lleva pedacitos
de ruinas propias, universales, ciertas.

V.

Atardece en Ucrania, miro ese sol oscuro entre pasajes
de libros de historia, y la noche crece, la noche
que en sí misma está mortificada por todos los
ausentes, la noche con su camisa oscura, la
voz de las almohadas con sus sueños partidos.

Estoy segura que hay palabras salvajes
temblando en los refugios, que hay un poema
que solo será de ellas, guardado en el vientre de
las mujeres rotas, en los lugares que no se
abandonan, en la resurrección de los botones
encontrando sus sacos, de las botas de goma
recuperando los pasos perdidos.

Yellow

Otoño tu destino era perderte, ser la última estrofa, el suspiro,
la abundancia de adioses, el viento que lo apaga todo era tu
destino, la sala de espera de la madurez, el terremoto de los
amarillos,

no sé de pronto encuentro todo tan cambiado,
es el clima, es la bomba que estalla en otra parte, es
el agua contaminada de las lágrimas. es la piel profundamente
seca, es la bocanada de humo que sube de una casa
y hace demasiado frío.

Y en el medio de todo, hay agendas de soledad, planeadas
por otros, sogas para tender los cuerpos, buitres escondidos
en las ceremonias de la plaza, un fulgor ámbar que es
el de una mano sola corriendo el pliegue de la cortina.

Incendio en sangre propia, el resplandor

En esa cabellera de sangre que brota de repente una o muchas
maneras de mirar el mundo se apagan para siempre,
y sin saberlo lugares y amores esperados se hunden
y sin poder evitarlo, largas filas de alfabetos personales
se esconden para siempre en el fondo de la tierra.

Pero el viento, el estremecedor viento de la verdad
escribirá sus manifiestos, llegarán los puntos y las comas
para formar galaxias para informar sobre la herida
hundiéndose, sobre los rojos de pétalos abiertos
de manos como flores y pies como capullos,
en la pared de la sala donde alguien llora,
la rebeldía de ese resplandor se está escribiendo.

A los ángeles:

Niños de Ucrania, el futuro será brillante como
una cinta de luz que recorre el cielo con pájaros
muy sanos, pájaros jóvenes con ojos jóvenes,
los huérfanos encontrarán sus padres, los juguetes
volverán a sus manos, las caricias llegarán a tiempo,
el corazón dará vueltas y vueltas, pero un día cuando
miren al cielo, verán esa casa por donde se cuela
el olor a comida, por la ventana el patio de la escuela,
entre las ramas la lluvia que sacude espejos,
en los hombros de esos padres poco a poco
podrán ver la curvatura de sus alas.

La curvatura de sus alas.

El paisaje después de la batalla

Como pedazos de metal brillando, de los tanques o
o las estructuras de edificios demolidas, ceniza de cuerpos,
refugio sin estrofas, por momentos las madres hablando
con el viento, por momentos las novias con sus sueños colgados
en las hojas, por momentos el saco sucio de un bebé llorando,
huérfanos y solos sin saber a qué destino acudir.

Por momentos, la voz de la muchedumbre en un tren y el
silencio, de los árboles brillando perplejos contra una inevitable
noche, donde se muerde el corazón una palabra,
y sangra luz.

Solo si te entregas

Nadie te contará ese otro riesgo de la vida que es
no saber cuándo te sorprende una mañana en llamas
pero el beso, el abrazo, el tumulto de amores en
la tierra, amor por la flor, el perro, el dibujo de un
niño, te salvan de pensar que todo ha sido en vano.

Te salvará el poner los recuerdos en un frasco de vidrio
por donde los veas pasar, dando vueltas entre cosas
partidas, y si ya no quedan los espejos, trozos luminosos
hallarán puertas hacia el sueño, hacia los campos
de la memoria con su fiesta líquida de labios y de
sonrisas arrancadas a las estrellas de la nieve caída.

Electricidad

Resistirá la memoria con manos heladas
el dibujo de las paredes contra el sol cuando
llegue la noche, el sabor del café caliente,
la dimensión de la casa resistirá el fuego
que llevamos, una fogata de leña mayor
salida de los árboles muertos y los pasajes
duros de las ruinas, resistirá el rosa, el violeta,
la camisa bordada, la muerte de las hojas
de la ventana será conmemorada con himnos
de viento, y las cáscaras de las manos viejas de
los ojos viejos, serán el preludio de una visión
más honda, donde la luz alumbrará perpetua
sin electricidad.

Yellow II.

Girasol

También tus semillas tuvieron un exilio no deseado
y en los barcos se sacudieron con las olas agrestes y
se mortificaron en bolsillos de sacos ajenos y en manos
duras, pero tu resistencia fue inaudita, como quien llega
a lo profundo de una hora y no encuentra su sombra,
como el que transterrado cuenta sus cabellos de tanto
dolor, como el que toca una línea de fuego con las
manos.
Resististe.
Te abriste al océano del cielo, allá tu astro maduro
te enviaba señales que no eran de esta tierra,
y su luz sin descanso adormecía toda la oscuridad.
Volviste a ser la flor.
Regresaste de todas las angustias, bailaste con el
viento, te erguiste en un florero, o sobre los brazos
de esas mujeres conmovidas, que te levantan
en la marcha de una patria en ruinas.

Abre el amarillo *por favor* ahora más que nunca,
ábrelo con ira contra el viento que tiembla.

Sobre la autora:

Gladys Ilarregui, poeta argentina residente en Estados Unidos desde 1983, es profesora asociada del Department of Languages, Literatures and Cultures en la Universidad de Delaware. Su obra poética ha sido traducida y criticada por Judy McInnis en el volumen *The Cumean Sybil*, University Press of the South. Recibió en Argentina el Premio Internacional Borges por su libro: *Poemas a Medianoche* que, una vez publicado por Tierra Firme en Buenos aires, ganó como libro poético el Arthur P. Whitaker Prize, otorgado por la Middle Atlantic Council of Latin American Studies, en Estados Unidos en 2003. Otros premios incluyen: el premio "Federico García Lorca" otorgado por la Embajada de España en USA en 1994 por su trabajo: *Oficios y Personas*, el "Premio Plural" por su trabajo: *Indian Journeys*, México, 1993. Una mención honorífica del Queen College en 1992. Su trabajo está registrado en múltiples antologías, las más recientes: *Migraciones de la Sangre.Textos de escritoras latinoamericanas* (California: Humboldt State University, 2021), *Alguien aquí que tiembla: celebración poética de mujeres a Ano I del confinamiento* (México, Ediciones sin nombre, 2021) *Mujeres mirando al Sur (*Madrid:Torremozas,2004), *Nos tomamos la palabra: antología crítica de textos de escritoras latinoamericanas* (New Jersey: Ediciones Nuevo Espacio, 2005), *Voces y memorias de la Luna* (Santo Domingo: Editora Búho, 2006), *Women Bearing Witness (*Newark: Juan de la Cuesta Editores, 2007), *La mujer rota* (Guadalajara: Literalia Editores, 2008), *Poesía en Villanova* (Philadelphia: Villanova University, 2010), *Al pie de la Casa Blanca* (Nueva York, Academia Norteamericana de la Lengua Española, 2010), y otras tantas inclusiones en ediciones de poesía del Teatro de la Luna y la Library of Congress en Washington DC. Sus más recientes trabajos poéticos son: *El libro de vidrio/ The Glass Book*, editado por Ediciones del Dock en 2012 y *El libro de las heridas/ The Book of Wounds (2016)*, editado por la Benemérita Universidad Autónoma de Puebla, México; *Manifiestos de ruinas y destellos*, que obtuvo el Premio Carmen Conde 2021, fue editado por la editorial Torremozas en Madrid, España.

Otras publicaciones de Erosbooks:

Gustavo Geirola
Dedicatoria
Sonetos y antisonetos

Gerardo González
Soave Libertate

Otras publicaciones de Argus-a:

Gustavo Geirola
Lacanian Discourses and the Dramaturgies

Gustavo Geirola
Introducción a la praxis teatral.
Creatividad y psicoanálisis

María Cristina Ares
Evita mirada
Modos de ver a Eva Perón:
las figuraciones literarias y visuales de su cuerpo
entre 1992 y 2019

Gustavo Geirola
Los discursos lacanianos y las dramaturgias

Eduardo R. Scarano (compilador)
Racionalidad política de las ciencias y de la tecnología.
Ensayos en homenaje a Ricardo J. Gómez

Virgen Gutiérrez
Con voz de mujer. Entrevistas

Alicia Montes y María Cristina Ares, compiladoras
Régimen escópico y experiencia.
Figuraciones de la mirada y el cuerpo
en la literatura y las artes

Adriana Libonatti y Alicia Serna
De la calle al mundo
Recorridos, imágenes y sentidos en Fuerza Bruta

Laura López Fernández y Luis Mora-Ballesteros (Coords.)
Transgresiones en las letras iberoamericanas:
visiones del lenguaje poético

María Natacha Koss
Mitos y territorios teatrales

Mary Anne Junqueira
A toda vela
El viaje científico de los Estados Unidos:
U.S. Exploring Expedition (1838-1842)

Lyu Xiaoxiao
La fraseología de la alimentación y gastronomía en español.
Léxico y contenido metafórico

Gustavo Geirola
Grotowski soy yo.
Una lectura para la praxis teatral en tiempos de catástrofe

Alicia Montes y María Cristina Ares, comps.
Cuerpo y violencia. De la inermidad a la heterotopía

Gustavo Geirola, comp.
Elocuencia del cuerpo.
Ensayos en homenaje a Isabel Sarli

Lola Proaño Gómez
Poética, Política y Ruptura.
La Revolución Argentina (1966-73): experimento frustrado
De imposición liberal y "normalización" de la economía

Marcelo Donato
El telón de Picasso

Víctor Díaz Esteves y Rodolfo Hlousek Astudillo
*Semblanzas y discursos de agrupaciones culturales
con bases territoriales en La Araucanía*

Sandra Gasparini
*Las horas nocturnas.
Diez lecturas sobre terror, fantástico y ciencia*

Mario A. Rojas, editor
*Joaquín Murrieta de Brígido Caro.
Un drama inédito del legendario bandido*

Alicia Poderti
Casiopea. Vivir en las redes. Ingeniería lingüística y ciber-espacio

Gustavo Geirola
*Sueño Improvisación. Teatro.
Ensayos sobre la praxis teatral*

Jorge Rosas Godoy y Edith Cerda Osses
*Condición posthistórica o Manifestación poliexpresiva.
Una perturbación sensible*

Alicia Montes y María Cristina Ares
*Política y estética de los cuerpos.
Distribución de lo sensible en la literatura y las artes visuales*

Karina Mauro (Compiladora)
*Artes y producción de conocimiento.
Experiencias de integración de las artes en la universidad*

Jorge Poveda
*La parergonalidad en el teatro.
Deconstrucción del arte de la escena
como coeficiente de sus múltiples encuadramientos*

Gustavo Geirola
El espacio regional del mundo de Hugo Foguet

Domingo Adame y Nicolás Núñez
Transteatro: Entre, a través y más allá del Teatro

Yaima Redonet Sánchez
Un día en el solar, expresión de la cubanidad de Alberto Alonso

Gustavo Geirola
Dramaturgia de frontera/Dramaturgias del crimen.
A propósito de los teatristas del norte de México

Virgen Gutiérrez
Mujeres de entre mares. Entrevistas

Ileana Baeza Lope
Sara García: ícono cinematográfico nacional mexicano, abuela y lesbiana

Gustavo Geirola
Teatralidad y experiencia política en América Latina (1957-1977)

Domingo Adame
Más allá de la gesticulación
Ensayos sobre teatro y cultura en México

Alicia Montes y María Cristina Ares (compiladoras)
Cuerpos presentes.
Figuracones de la muerte, la enfermedad, la anomalía y el sacrificio.

Lola Proaño Gómez y Lorena Verzero / Compiladoras y editoras
Perspectivas políticas de la escena latinoamericana. Diálogos en tiempo presente

Gustavo Geirola
Praxis teatral. Saberes y enseñanza. Reflexiones a partir del teatro argentino reciente

Alicia Montes
De los cuerpos travestis a los cuerpos zombis. La carne como figura de la historia

Lola Proaño - Gustavo Geirola
¡Todo a Pulmón! Entrevistas a diez teatristas argentinos

Germán Pitta Bonilla
La nación y sus narrativas corporales. Fluctuaciones del cuerpo femenino en la novela sentimental uruguaya del siglo XIX (1880-1907)

Robert Simon
To A Nação, with Love: The Politics of Language through Angolan Poetry

Jorge Rosas Godoy
Poliexpresión o la des-integración de las formas en/desde
La nueva novela *de Juan Luis Martínez*

María Elena Elmiger
DUELO: Íntimo. Privado. Público

María Fernández-Lamarque
Espacios posmodernos en la literature latinoamericana contemporánea: Distopías y heterotopíaa

Gabriela Abad
Escena y escenarios en la transferencia

Carlos María Alsina
De Stanislavski a Brecht: las acciones físicas. Teoría y práctica de procedimientos actorales de construcción teatral

Áqis Núcleo de Pesquisas Sobre Processos de Criação Artística
Florianópolis
Falas sobre o coletivo. Entrevistas sobre teatro de grupo

Áqis Núcleo de Pesquisas Sobre Processos de Criação Artística
Florianópolis
Teatro e experiências do real (Quatro Estudos)

Gustavo Geirola
El oriente deseado. Aproximación lacaniana a Rubén Darío.

Gustavo Geirola
Arte y oficio del director teatral en América Latina
Tomo I: México y Perú

Gustavo Geirola
Arte y oficio del director teatral en América Latina
Tomo II: Argentina, Chile, Paraguay y Uruguay

Gustavo Geirola
Arte y oficio del director teatral en América Latina
Tomo III: Colombia y Venezuela

Gustavo Geirola
Arte y oficio del director teatral en América Latina
Tomo IV: Bolivia, Brasil y Ecuador

Gustavo Geirola
Arte y oficio del director teatral en América Latina
Tomo V: Centroamérica y Estados Unidos

Gustavo Geirola
Arte y oficio del director teatral en América Latina
Tomo VI: Cuba, Puerto Rico y República Dominicana

Gustavo Geirola
Ensayo teatral, actuación y puesta en escena.
Notas introductorias sobre psicoanálisis y praxis teatral

Erosbooks
Los Ángeles – Buenos Aires
2023

www.ingramcontent.com/pod-product-compliance
Lightning Source LLC
Chambersburg PA
CBHW022018160426
43197CB00007B/468